图书在版编目（CIP）数据

北京漫游记 / 华星著；丁友情绘. — 石家庄：河北少年儿童出版社, 2023.10

（大中华城市漫游记）

ISBN 978-7-5595-6008-7

Ⅰ.①北… Ⅱ.①华… ②丁… Ⅲ.①北京—概况—少儿读物 Ⅳ.①K921-49

中国国家版本馆CIP数据核字(2023)第181615号

大中华城市漫游记
北京漫游记
BEIJING MANYOU JI

华 星 著　丁友情 绘

选 题 策 划	段建军　孙卓然　赵玲玲		
责 任 编 辑	李卫国　王天煜	特 约 编 辑	王新军　梁 容
美 术 编 辑	穆 杰	装 帧 设 计	赵 晨

出　　版	河北出版传媒集团　河北少年儿童出版社
	（石家庄市桥西区普惠路 6 号　邮政编码：050020）
发　　行	全国新华书店
印　　刷	鸿博睿特（天津）印刷科技有限公司
开　　本	787 mm×1 092 mm　1/8
印　　张	5
版　　次	2023 年 10 月第 1 版
印　　次	2023 年 10 月第 1 次印刷
书　　号	ISBN 978-7-5595-6008-7
定　　价	49.80 元

大中华城市漫游记

北京漫游记

华 星 **著**

丁友情 **绘**

河北出版传媒集团　河北少年儿童出版社

中华人民共和国万岁

我叫华华，我喜欢探索全国的城市，发现每座城市的美好。

我是京京，我将带你去游览我的家乡——北京！

北京是中华人民共和国的首都，城区有一条中轴线，以故宫为中心，左右对称，南至永定门，北至钟鼓楼，全长7.8公里。"这条中轴线上有很多著名的景点，今天我们就从这里开始游览吧！"京京说。

世界人民大团结万岁

　　雄伟的天安门城楼，曾见证了许多重要的历史瞬间。1949年10月1日，新中国成立，开国大典就在这里举行。

　　许多到北京游玩的人，首选第一站就是来到这里，在天安门城楼前拍一张照片，观看天安门广场庄重严肃的升国旗仪式。

中国国家博物馆

NATIONAL MUSEUM OF CHINA

中国国家博物馆，一座承载着中华五千多年文明的大宝库，现有藏品数量143万余件，是世界上单体建筑面积最大的现代化综合性博物馆。

四羊青铜方尊

走进中国国家博物馆，一件又一件珍贵藏品出现在眼前，四羊青铜方尊、鹰形陶鼎、击鼓说唱俑、"后母戊"青铜方鼎、鹳鱼石斧图彩绘陶缸……华华边欣赏边感慨道："这简直是一场视觉的盛宴啊！"

鹰形陶鼎

击鼓说唱俑

「后母戊」青铜方鼎

鹳鱼石斧图彩绘陶缸

　　从中国国家博物馆出来，京京带着华华来到故宫博物院。京京说："故
宫博物院成立于1925年，是在故宫的基础上建立的。故宫又叫紫禁城，曾
是明、清两代24位皇帝居住和办公的地方，也是世界上现存规模最大、最
完整的古代宫殿建筑群，1987年还被列为世界文化遗产呢。它里面有很多

珍贵的文物，大家熟悉的《清明上河图》卷就存放在这里。"

从故宫的神武门出来，正对面便是著名的景山公园。他们登上园内的景山山顶，站在万春亭往南看，故宫全景一览无余。

"让我们荡起双桨，小船儿推开波浪，海面倒映着美丽的白塔，四周环绕着绿树红墙……"这首脍炙人口的歌曲描绘的就是景山西边北海公园的景象。

　　"这里就是什刹海啊！"两人站在银锭桥上，华华问："明明是湖泊，为什么叫作海呢？"

　　京京说："爷爷告诉我，蒙古语中的湖泊一词，用汉语翻译过来就是'海'或'海子'。元代的北方民族很少见到湖泊，往往会把大片的水域称为'海'。明代以后开始称什刹海，这一名称沿用至今。"

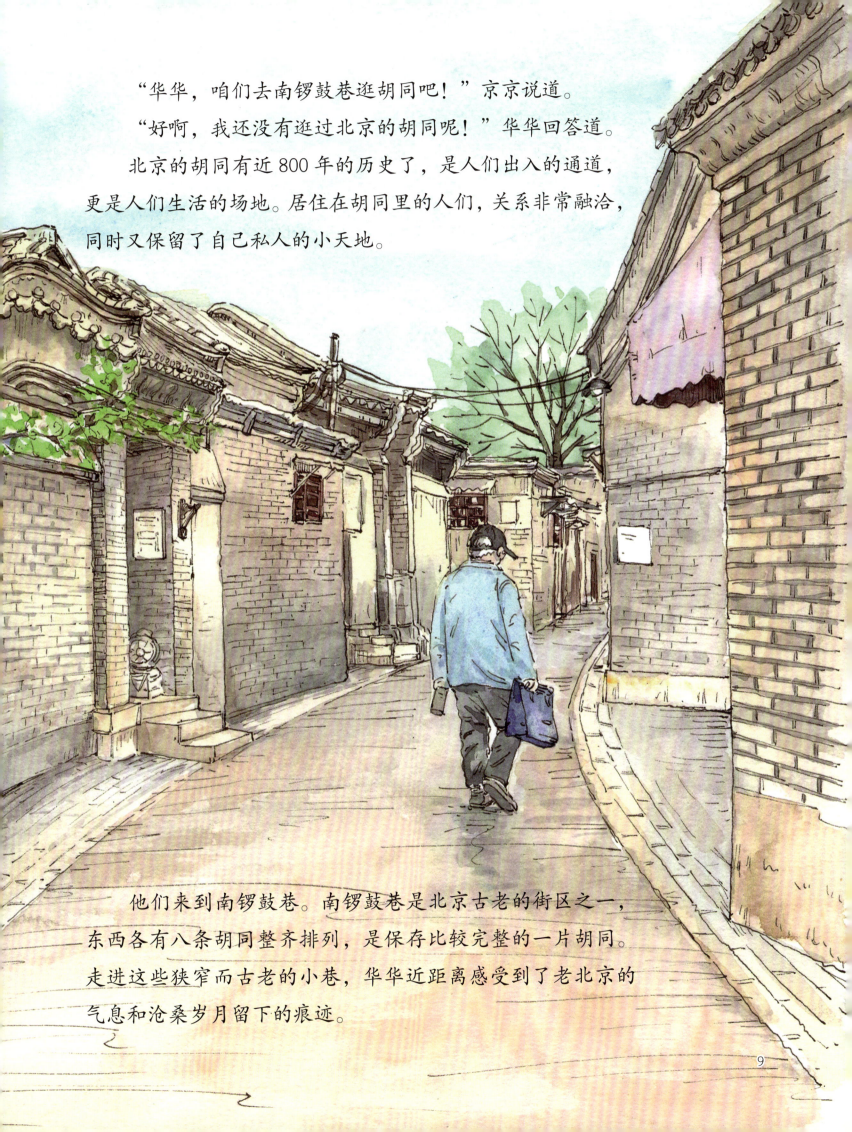

"华华，咱们去南锣鼓巷逛胡同吧！"京京说道。

"好啊，我还没有逛过北京的胡同呢！"华华回答道。

北京的胡同有近800年的历史了，是人们出入的通道，更是人们生活的场地。居住在胡同里的人们，关系非常融洽，同时又保留了自己私人的小天地。

他们来到南锣鼓巷。南锣鼓巷是北京古老的街区之一，东西各有八条胡同整齐排列，是保存比较完整的一片胡同。走进这些狭窄而古老的小巷，华华近距离感受到了老北京的气息和沧桑岁月留下的痕迹。

　　逛了钟鼓楼，不远处便是地坛公园，恰好今天在举办市集活动。京京说："如果我们春节来，就能赶上一年一度的地坛庙会，张灯结彩，锣鼓喧天，比现在要热闹很多呢！琳琅满目的小摊位上，兔儿爷、糖人儿、面人儿……这些充满京味儿的小物件，会让你大饱眼福。"

逛完集市，他们来到商业气息更加浓郁的大栅栏。这是一条历史悠久的商业街，游人熙熙攘攘，百年老字号店铺随处可见。走进一家京味儿小吃店，炒肝、褡裢火烧、豆汁、焦圈……各种北京特色小吃，看得他们口水直流。

"早就听说老北京人喜欢喝豆汁，今天我也要尝一尝。"华华说。

京京介绍说："豆汁是用发酵的绿豆做成的，有一股浓浓的酸味，你不一定喝得惯噢。"

刚喝一口，华华已经开始咧嘴了。然后他们又来到旁边的烤鸭店，这里的烤鸭皮酥脆肉烂乎，配上黄瓜条、葱丝，再蘸上甜面酱，用面饼一卷，轻轻咬上一口，满口留香，真是人间美味啊！

豆汁和焦圈

铜锅涮肉

褡裢火烧

北京烤鸭

老北京炸酱面

　　"酒旗戏鼓天桥市，多少游人不忆家。"清末诗人易顺鼎在《天桥曲》中描写的就是当时北京天桥一带的盛况。

　　"那时候天桥一带就很热闹，现在更加繁华。"

　　"新中国成立后，这里兴建了我国首家综合性剧场——天桥剧场，目前以歌剧、芭蕾舞剧演出为主，有时也有京剧上演。华华，你是想看经典芭蕾舞剧，还是想看京剧呢？"

　　华华笑呵呵地回答："当然是都想看啦！"

天桥剧场东临天坛公园。京京说:"天坛是明、清两代皇帝祭祀皇天和祈求五谷丰登的场所,也是世界上现存规模最大的古代祭天建筑群。1918年成立天坛公园,祈年殿等处向游人开放。"

走进天坛公园，环境静谧，气氛庄严肃穆，域北呈圆形，南为方形，寓意"天圆地方"。祈年殿作为天坛最瑰丽、最威严的建筑，是一座鎏金宝顶、蓝瓦红柱、金碧辉煌的彩绘三层重檐圆形大殿，殿内天花板上飞金流彩，图案精美绝伦，巧妙的设计令人拍案叫绝。

"京京，那个奇怪的建筑物是干什么的呀？"

"那是中央电视台总部大楼，北京地标性建筑之一，曾获得'中国当代十大建筑'的美誉呢。你看到旁边那座外形像古代礼器'尊'的大厦了吗？那是'中国尊'，总高528米，是目前北京最高的建筑。"

看着眼前高楼林立的景象，华华不禁感叹道："原来，北京不仅有古老的一面，也有现代的一面呢！"

19

漫步在世界上最长的长廊，一幅幅别具一格的苏式彩绘图，以极其丰富的表现形式，向世人展现中华皇家行宫御苑的魅力。颐和园坐落在北京的西郊，是汲取江南园林的设计手法而建成的一座大型山水园林，被誉为"皇家园林博物馆"。

"万园之园"的圆明园残存的遗址，用苍凉之美提醒着中华民族曾遭受的屈辱，将那段不堪回首的历史记忆永远烙印在中华儿女的心中，时刻告诉我们"勿忘国耻，振兴中华"。

"华华，这里就是北京大学的西门，是不是很有人文气息啊！"北京大学创办于1898年，初名京师大学堂，是中国近代第一所国立大学。西门的古典三开朱漆宫门建筑，风格古朴、庄严典雅，每天来这里拍照留念的人络绎不绝。

　　在北京大学，京京和华华参观了百年讲堂和图书馆，漫步在未名湖畔，看着倒影在湖面上的博雅塔，喜悦的心情溢于言表，也表现出了对高等学府的向往之情。

24

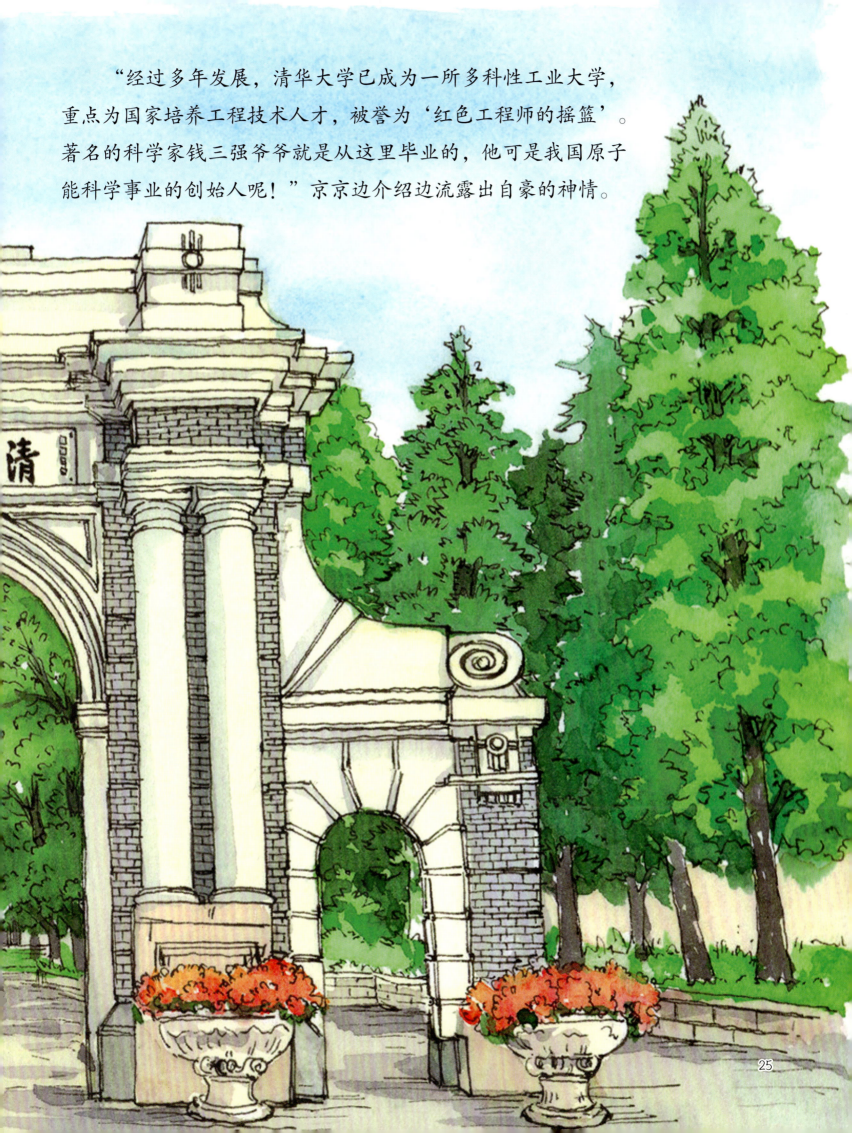

"经过多年发展，清华大学已成为一所多科性工业大学，重点为国家培养工程技术人才，被誉为'红色工程师的摇篮'。著名的科学家钱三强爷爷就是从这里毕业的，他可是我国原子能科学事业的创始人呢！"京京边介绍边流露出自豪的神情。

"京京，你知道北京为什么被称为'双奥之城'吗？"

"因为北京是世界上唯一一座举办过夏季奥运会和冬季奥运会的城市。你现在看到的这些建筑都是我们的奥运会比赛场馆，这个长得像鸟巢的是国家体育场，旁边的是国家游泳中心——水立方。"

在 2008 年的夏季奥运会和 2022 年的冬季奥运会上，中国运动健儿大展风采，给全世界人民留下了难忘的记忆。

"京京，我还在电视上看北京冬奥会开幕式了呢！冰雪的世界真是美极了！"

"不到长城非好汉"，华华早就想用实际行动证明自己。于是，京京带着华华乘上市郊铁路 S2 线，直奔八达岭长城。一路上列车在群山花海之中蜿蜒前行，车窗外风景如画，让人如痴如醉。经过著名的人字形铁路时，华华不禁想起它的设计者"中国铁路之父"詹天佑。

长城又叫万里长城，是我国古代的军事防御工事，也是人类文明史上的奇迹，它和长江、黄河一样，是中华民族精神的象征。八达岭长城，地势险峻，居高临下，自古为重要的军事战略要地。作为万里长城的重要组成部分，是北京地区古代重要的防御系统和屏障。

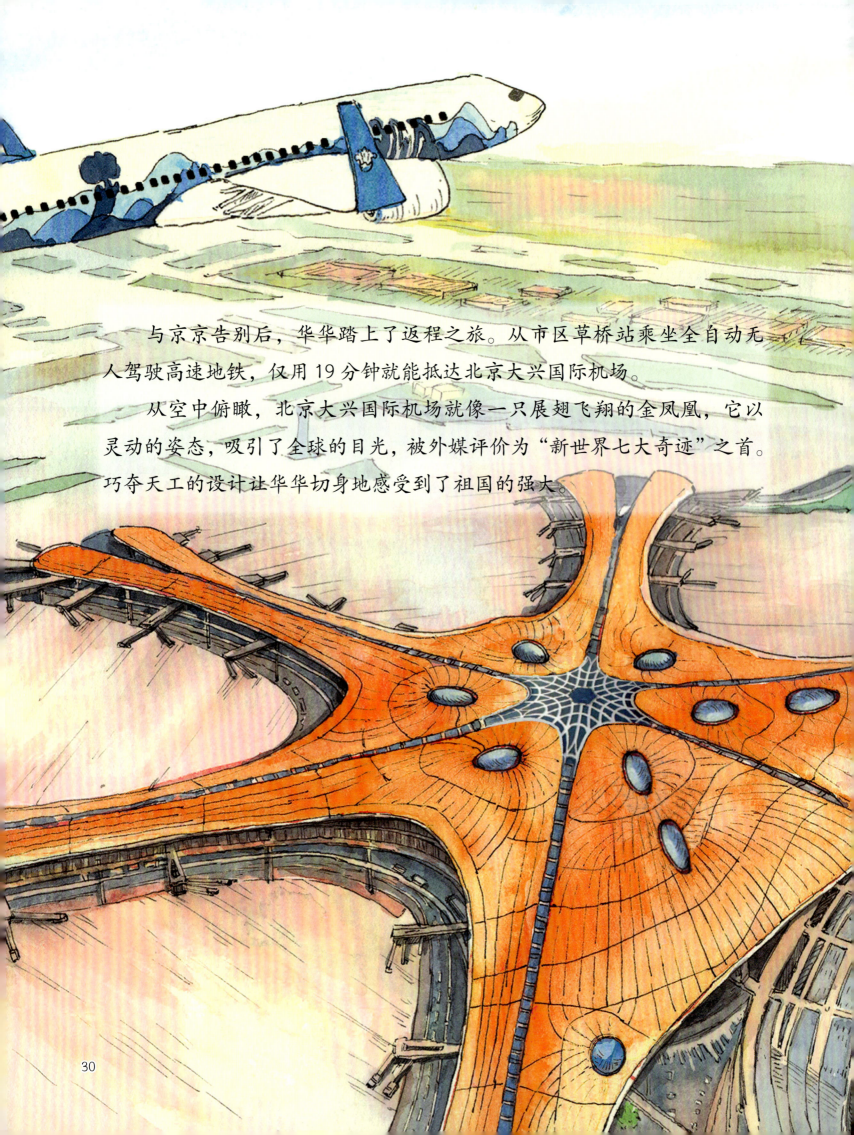

与京京告别后，华华踏上了返程之旅。从市区草桥站乘坐全自动无人驾驶高速地铁，仅用 19 分钟就能抵达北京大兴国际机场。

从空中俯瞰，北京大兴国际机场就像一只展翅飞翔的金凤凰，它以灵动的姿态，吸引了全球的目光，被外媒评价为"新世界七大奇迹"之首。巧夺天工的设计让华华切身地感受到了祖国的强大。

知识拓展

北 京

北京是中华人民共和国的首都，它是一座拥有三千多年历史的城市。它还是中国的四个"中心"——政治中心、文化中心、国际交往中心、科技创新中心。

天安门

天安门是明、清两代北京皇城的正门，始建于1417年，最初的命名为"承天门"，寓意"承天启运，受命于天"。清朝顺治年间重建，更名为"天安门"，寓意"受命于天，安邦定国"。

故 宫

北京故宫是明、清两代的皇家宫殿，旧称紫禁城，现为故宫博物院。北京故宫有大小宫殿七十多座，房屋九千余间。故宫内的建筑分为外朝和内廷两部分。外朝的中心为太和殿、中和殿、保和殿，统称三大殿，是国家举行重大典礼的地方。三大殿左右两翼辅以文华殿、武英殿两组建筑。内廷的中心是乾清宫、交泰殿、坤宁宫，统称后三宫，是皇帝和皇后居住的正宫。其后为御花园。后三宫两侧排列着东、西六宫，是后妃们居住的地方。

庙 会

庙会是一种古老的中国传统民俗文化活动，是市集形式的一种，因为大多在寺庙内或附近举行，所以被称为庙会。

长 城

长城是我国古代的军事防御工事。秦灭六国统一天下后，为抵御北方强大匈奴游牧民族的侵扰，秦始皇连接和修缮战国长城，形成完整的防御系统，从此便有"万里长城"之称。明朝是最后一个大修长城的朝代，人们现在所看到的长城多是此时修筑的。